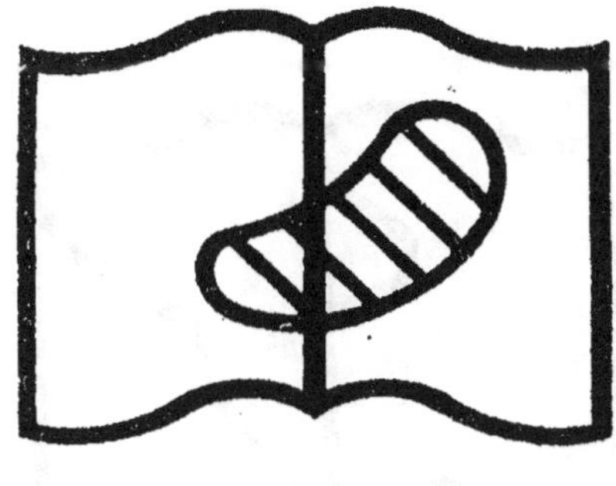

Illisibilité partielle

Contraste insuffisant

NF Z 43-120-14

Valable pour tout ou partie
du document reproduit

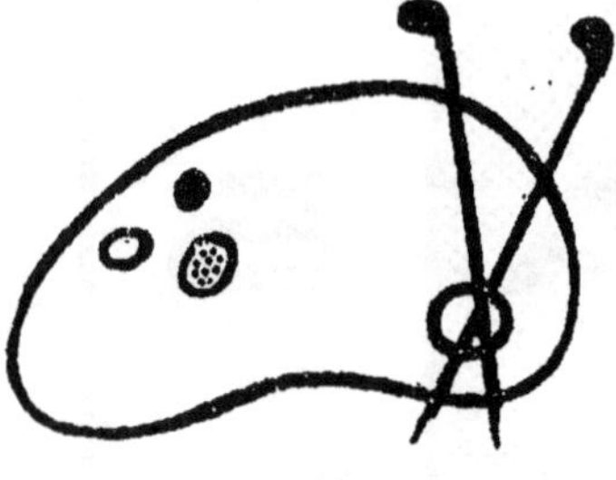

Couvertures supérieure et inférieure en couleur

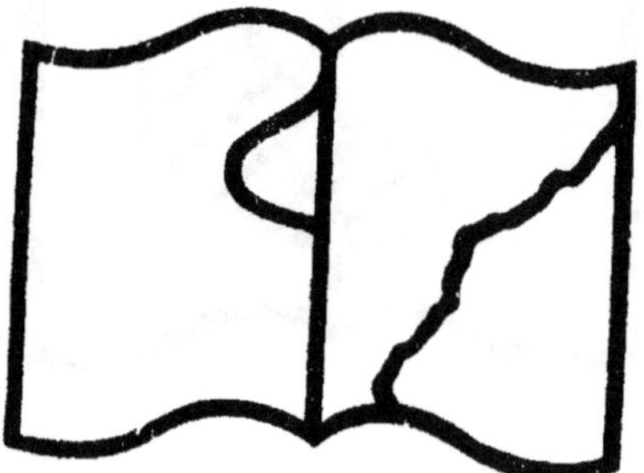

Couvertures supérieure et inférieure détériorées

NOTES

POUR SERVIR A L'HISTOIRE

DE L'ART PRIMITIF

PAR

ED. PIETTE

Extrait de *L'Anthropologie*, n° 2, 1894.

PARIS
G. MASSON, ÉDITEUR
LIBRAIRE DE L'ACADÉMIE DE MÉDECINE
120, BOULEVARD SAINT-GERMAIN.

ANGERS, IMP. BURDIN ET Cie, 4, RUE GARNIER.

NOTES

POUR SERVIR A L'HISTOIRE DE L'ART PRIMITIF

PAR

Ed. PIETTE (1)

Malgré les découvertes de Boucher de Perthes, on discutait encore sur l'existence simultanée de l'homme et des grandes espèces éteintes dont on trouve les ossements dans les gravières, quand Lartet et Christy commencèrent leurs fouilles dans les cavernes. Le résultat de leurs explorations les frappa eux-mêmes d'étonnement. Cet homme des vieux temps quaternaires, auquel les uns ne voulaient pas croire, que les autres regardaient comme un sauvage à peine sorti de l'animalité, s'était élevé à la conception des arts plastiques et s'était passionné pour eux. Ne connaissant pas le métal, il s'était efforcé de sculpter et de graver avec des éclats de silex, et il avait représenté, non sans un remarquable talent d'imitation, les animaux au milieu desquels il avait vécu, le mammouth, le renne, les équidés, etc. Cette révélation produisit, dans le monde savant, des sentiments d'admiration ou de scepticisme et, chez les explorateurs des cavernes, un grand enthousiasme.

Je demandais un jour à M. Franchet, excellent observateur qui a dirigé les fouilles de M. de Vibraye à Laugerie-Basse, s'il n'avait pas étudié la composition des amoncellements à gravures et à sculptures et s'il n'avait pas observé des différences dans les couches dont ils sont formés. Il me répondit : « Ni M. de Vibraye ni moi n'y avons songé; et Lartet et Christy n'ont pas pensé plus que nous à en faire l'étude stratigraphique. Émerveillés à la vue des surprenants vestiges d'un temps si éloigné, nous ne cherchions que des gravures et des sculptures; nous les cherchions avec la même passion que l'ouvrier des placers qui a la soif de l'or et n'a d'yeux que pour les pépites dans les terres qu'il retourne. »

(1) Reproduction des figures interdite sans le consentement de l'auteur.

Ce que me disait M. Franchet est vrai. Il serait pourtant injuste de prétendre que les premiers fouilleurs de grottes n'ont fait qu'apporter de nouvelles preuves à l'appui de la contemporanéité de l'homme et des animaux disparus pendant l'ère quaternaire primitive. Lartet et Christy et, après eux, MM. de Vibraye, Franchet et Garrigou ont su distinguer, dans les cavernes et les abris, trois types de stations humaines, celui du Moustier, celui de Laugerie-Haute et celui de la Madeleine, créant ainsi dans ses grandes lignes l'archethnologie que M. de Mortillet allait élever à la hauteur d'une science, et ne laissant à leurs successeurs que des questions de détail à résoudre.

Toutefois, en présentant en bloc au public les vestiges des amas à gravures et à sculptures, ils ont involontairement fait naître, dans certains esprits, une conception erronée dont ils ne sont pas responsables : des archéologues se sont imaginé que l'homme de l'âge du renne était venu occuper nos régions avec une industrie toute faite et qu'il les avait quittées lorsque le climat lui était devenu défavorable, sans avoir rien ajouté à sa civilisation première. En réalité la civilisation tarandienne est née sur le sol de l'Europe occidentale et surtout sur celui du pays de Gaule; elle s'y est développée, y a eu son apogée, ses transformations et son déclin. Lorsque l'on explore attentivement, couche par couche, les amoncellements des cavernes, on voit l'industrie se transformer d'une assise à l'autre, et ses progrès se réaliser successivement par l'invention d'armes ou d'instruments nouveaux, ou par leur perfectionnement; et rien n'est plus captivant que cette étude. C'est celle que j'ai entreprise depuis vingt-trois ans par l'exploration de nombreuses grottes; et je crois pouvoir maintenant en faire connaître les résultats avec quelque assurance.

Je nomme *glyptique* (de γλυπτός, ouvrage de ciselure, de gravure, de sculpture) la période pendant laquelle l'homme des vieux temps quaternaires cisela l'os, la corne, l'ivoire ou la pierre à l'aide du silex, les sculpta ou les couvrit de gravures. Le mot *glyptique* n'est pas synonyme de *magdalénien*; l'époque magdalénienne n'est qu'une phase de la période glyptique. Celle-ci a commencé avec la station de Solutré et ne s'est terminée qu'à l'extinction du renne dans nos régions.

La masse principale des amoncellements formés dans les cavernes se compose des ossements brisés des animaux mangés par l'homme. Un examen superficiel suffit pour faire reconnaître que les vestiges des équidés prédominent dans les assises inférieures, et que ceux des cervidés sont les plus abondants dans les assises supérieures. De là, dans la période glyptique, deux divisions principales : les temps *équidiens* et les temps *cervidiens*.

On peut croire, au premier abord, que cette division repose sur un fait bien peu important : un changement dans la nourriture de l'homme. Mais ce changement en indique un dans le climat. Les équidés et surtout les chevaux se plaisent dans les prairies plantureuses. Les rennes préfèrent les pâturages couverts de mousses et de lichens ; ils savent écarter la neige avec leurs sabots et les palettes de leur ramure pour atteindre les végétaux dont ils se nourrissent ; et là où ils vivent en hiver sans souffrir, les chevaux ne pouvant brouter que les brindilles des arbres au-dessus de la nappe neigeuse mourraient bientôt de faim. Le changement des espèces vivant en troupeaux dans le voisinage des demeures de l'homme est donc l'indice d'une modification de climat. L'étude des gisements prouve d'ailleurs, comme on devait s'y attendre, que le remplacement du cheval par le renne fut plus complet dans les régions montagneuses que dans les pays de collines et de plaines.

Les temps équidiens, assez doux au début pour que l'homme se plût à construire ses huttes en plein air, contre l'escarpement d'un rocher, devinrent progressivement secs et froids ; les oiseaux des régions circumpolaires commencèrent à affluer dans le midi de la France, et les hommes transportèrent leurs demeures dans les cavernes ou sous l'abri d'un rocher en surplomb. Avec les temps cervidiens, le ciel se chargea de plus d'humidité ; mais le froid subsista d'abord et couvrit les campagnes de frimas. La température finit cependant par être moins rigoureuse, et la fin des temps cervidiens fut caractérisée par des inondations nombreuses, dont on voit les dépôts dans les grottes situées au voisinage des cours d'eau.

Les temps équidiens comprennent deux subdivisions : l'époque *éléphantienne* ou *éburnéenne* et l'époque *hippiquienne*.

Les temps cervidiens en comprennent deux également : l'époque *rangiférienne* et l'époque *élaphienne*.

Époque éléphantienne.

L'époque éléphantienne, qui correspond à celle de Solutré, présente à son début deux sortes de stations : celles des plateaux du nord-est de la France, où le climat est continental et celles du midi, situées assez près du littoral pour que l'influence du climat maritime s'y soit fait sentir. Le type de la première est Solutré en Mâconnais; celui de la seconde est Brassempouy-en-Chalosse.

Ces deux gisements sont complexes et leurs assises sont loin d'être toutes synchroniques. Celles que je regarde comme contemporaines sont la première de Brassempouy, fouillée par M. de Laporterie, et la dernière de Solutré, que M. Arcelin a décrite sous le nom de *foyers de l'âge du renne.* Elles renferment toutes deux des pointes de lance en silex et des grattoirs identiques, et toutes deux, au point de vue de l'art, sont caractérisées par la sculpture en ronde bosse. Leurs faunes se ressemblent beaucoup. A Brassempouy, on a trouvé le grand félin des cavernes, la panthère, l'hyène tachetée, le loup, le renard, l'ours des cavernes, le rhinocéros à narines cloisonnées, le mammouth, le cheval, l'aurochs, le renne, le cerf commun. M. Arcelin cite les mêmes espèces dans les foyers de l'âge du renne de Solutré, à l'exception de la panthère et du rhinocéros.

Fig. 1, 2, 3. — Objets en ivoire de Brassempouy.

Mais ce qui différencie les gisements, c'est que le renne, abondant sous le climat rigoureux du Mâconnais, fut très rare en ce temps-là, dans la Chalosse, tandis que l'éléphant, très commun à Brassempouy, fut en nombre bien moindre à Solutré. Aussi les habitants de Solutré sculptèrent la pierre et incisèrent grossièrement la ramure du renne. Ceux de Brassempouy sculptèrent l'ivoire du mammouth, matière qui se prête admirablement à ce travail; ils devinrent d'habiles artistes épris des formes féminines. Il semble que ce fut l'amour qui incita le premier sculpteur à ciseler l'ivoire pour représenter la femme aimée. Ils firent non seulement des statuettes, mais des amulettes et d'autres objets qu'ils couvriren de sillons onduleux et profonds d'un caractère très ornemental (voyez fig. 1). Les longues saillies sinueuses placées entre les sillons forment de véritables reliefs. Cependant il n'apparaît pas jusqu'à présent, par les œuvres parvenues jusqu'à nous, que les hommes de ce temps aient appliqué l'art du relief à la figuration des êtres animés.

De l'emploi de l'ivoire pour la sculpture résulta un art particulier, l'*art éburnéen* que l'on doit distinguer de l'*art tarandien* qui florit aux époques suivantes en utilisant la ramure du renne comme matière sculptable.

Si, dans la Chalosse, à l'époque éléphantienne, quelques tribus élevèrent leurs aspirations au-dessus des besoins de l'existence matérielle et employèrent leurs loisirs à la pratique des beaux-arts, d'autres restèrent immobilisées dans les mœurs et les coutumes ancestrales, n'ayant encore d'autre désir que de satisfaire les appétits de la vie animale. Les stations qui se rattachent à celle de Solutré par la forme de leurs silex sont nombreuses; mais il n'est pas toujours facile de savoir si elles ont été touchées par une étincelle de civilisation. Presque toutes sont les emplacements de demeures construites en plein air, à l'abri d'un escarpement de rocher, et après leur abandon, les œuvres d'art, s'il y en avait, et les ossements se sont trouvés exposés à la pluie et à des gelées intenses dont l'action fort souvent les a désagrégés et détruits. Parmi ces stations, il y en a de divers types qui s'échelonnent dans le temps; telles sont celles de Montaut, du Bouchet et de Gorge-d'Enfer.

Toutes ces stations paraissent, d'après les débris osseux qu'elles contiennent en plus ou moins grande quantité, appartenir à l'époque éléphantienne. Il ne faudrait pourtant pas considérer cette assimilation comme incontestable. La présence d'ossements de mammouth, celle même de dents de grands carnassiers n'en est pas une preuve indiscutable, puisque ces carnassiers vivaient encore presque tous à l'époque hippiquienne, et que le mammouth ne s'est éteint que vers la fin de la période glyptique. Il est certain qu'aux temps éburnéens, il y eut des tribus très différentes par l'état d'avancement de leur industrie, les unes attardées et très grossières, ne se servant encore que du silex, les autres excellant déjà dans l'art de la sculpture. Et cet état de choses dura longtemps. Peut-être même les tribus rebelles aux beaux-arts se perpétuèrent-elles jusqu'à la fin de la période glyptique, puisque aux temps néolithiques, quand le travail de l'os fut à peu près abandonné, on vit reparaître dans quelques régions une partie de l'outillage en silex de Solutré et notamment les pointes de sagaie. Il y avait donc eu quelque part des familles qui en avaient conservé la tradition.

Les fouilles de Brassempouy, qui ont permis de constater, au début de la période glyptique, une époque éburnéenne, ont jeté un jour puissant sur l'état des premiers hommes qui se sont élevés au-dessus de l'animalité dans notre contrée. La description des stations stériles en œuvres d'art ne rentre pas dans le cadre de cette note. Je n'ai donc pas à m'occuper de celles de Gorge-d'Enfer, du Bouchet, de Montaut, de Laugerie-Haute, de Saint-Martin d'Excideuil, de Badegol, de la Balutie, où l'on ne rencontre ni gravures ni sculptures. Cependant il n'est pas inutile d'assigner leur ordre chronologique à quelques-uns de ces gisements auxquels une manière uniforme de tailler le silex donne un air de parenté avec celui de Solutré.

Celui de Gorge-d'Enfer avec ses poinçons, ses spatules et ses têtes de flèche en ramure de renne paraît le plus récent. Il contient les vestiges d'une tribu accomplissant son évolution vers l'industrie magdalénienne, après avoir traversé, insensible au souffle des beaux-arts, l'époque éburnéenne.

Celui du Bouchet réprésente une phase un peu plus ancienne. J'y ai trouvé des têtes de flèche, les unes en bois de renne semblables à celles de Gorge-d'Enfer, les autres en silex, d'aspect sulistrien, mais présentant cette particularité qu'elles sont finement taillées d'un côté et lisses sur l'autre face formée par l'enlèvement d'un grand éclat. Une troisième sorte de tête de flèche caractérise ce gisement : ovalaire, terminée en pointe aux deux extrémités ou à une seule, elle ressemble à celles de Solutré, mais elle est en os dur. Le travail de l'os a donc commencé par son adaptation aux formes des armes en silex.

La station de Montaut est vraisemblablement plus ancienne encore. M. Mascaraux qui l'a découverte n'y a recueilli aucun os travaillé. Elle est caractérisée par de grandes et larges pointes en silex qui ont parfois une certaine parenté de forme avec la flèche à cran; les têtes de sagaie du vrai type sulistrien y sont rares. Leur présence suffit cependant pour dater le gisement qui paraît devoir être placé entre l'assise de Solutré et celle où l'on rencontre les flèches à cran.

Telle paraît être, d'après les documents que nous avons, la succession dans le temps des divers gisements sulistriens.

Je ne parle pas de la grotte de Saint-Germain-d'Excideuil, station complexe, dont la faune, comme les flèches en ramure de renne et à base en biseau, semblent indiquer qu'elle renferme des assises correspondant aux temps cervidiens.

Époque hippiquienne.

A l'époque des éléphants succéda l'époque hippiquienne, ainsi nommée parce que, dans ses amoncellements, le nombre des os de cheval est vraiment considérable, et aussi parce que les artistes de ce temps ont parfois représenté cet animal avec le long panache de sa queue et sa crinière flottante. Elle eut deux phases : celle de la sculpture en relief et celle de la gravure aux contours découpés. Pendant la première, la faune fut à peu près ce qu'elle était aux temps éburnéens ; elle comprit le félin des cavernes, la panthère, l'ours des cavernes, l'ours féroce, le renard, le mammouth, l'aurochs, le renne, le bouquetin, etc. Il y a donc eu continuité de faune. Les rennes et les aurochs étaient nombreux, les mammouths peu abondants, même dans les plaines. L'hyène tachetée avait peut-être disparu. L'action d'un climat sec et froid déterminait les principales différences entre les deux époques. Les grands carnassiers et les pachydermes en subissaient surtout l'influence. Pendant la seconde phase, les éléphants devinrent de plus en plus rares ; j'ai encore trouvé des os de panthère dans ses amoncellements ; je n'y ai plus rencontré de débris de grands félins ni d'ours des cavernes. Ces espèces semblent s'être éteintes pendant la première. Les aurochs étaient devenus moins nombreux. Mais s'il n'y eut pas de révolution brusque dans la faune, une transformation considérable se produisit dans les arts et dans l'industrie.

L'époque éburnéenne avait été caractérisée, au point de vue de l'art, par la sculpture en ronde bosse. Ses artistes s'étaient plu à reproduire en ivoire les contours féminins. La première phase de l'époque hippiquienne fut caractérisée par la sculpture en relief. Ses artistes, au lieu de s'adonner à l'étude des formes humaines, se complurent à la représentation des animaux. Ils n'abandonnèrent pas complètement la sculpture en ronde bosse. Cette forme de l'art subsista, quoique peu usitée, jusqu'à la fin de la période glyptique.

Il y eut transmission de génération à génération. On faisait encore des statuettes aux temps cervidiens.

Ce fut à l'école de la nécessité que l'homme apprit à sculpter en relief. Le climat, en devenant plus sec, avait rendu, comme je viens de le dire, les éléphants plus rares, surtout dans les régions élevées et montagneuses qu'ils n'avaient jamais guère fréquentées. Faute d'ivoire, il fallut ciseler la ramure des rennes que l'on avait en abon-

FIG. 4 et 4 *a*. — Étude de pied de ruminant. — Relief élevé (Mas-d'Azil).

dance et qui d'ailleurs était bien supérieure pour la confection des armes et des instruments. Mais le bois de ce cervidé est aplati ; le milieu en est spongieux ; la portion corticale se prête seule à la sculpture. Les artistes obligés de choisir les parties les plus plates, où le tissu spongieux est très mince, ne pouvaient donner aux animaux représentés une épaisseur suffisante. Aussi les statuettes en bois de renne sont-elles faites ordinairement pour n'être vues que de côté. Elles sont en réalité formées de deux reliefs accolés l'un à l'autre et raccordés, souvent avec maladresse, par le dos et par le ventre. L'homme de ce temps cherchait à se perfectionner dans son art. Il imitait, par la sculpture, le squelette et l'écorché ; il faisait des études du pied et de la tête (voyez fig. 4 et 4 *a*). Ses reliefs étaient ordinairement très bas (voyez fig. 5); aussi, pour mieux faire apercevoir diverses parties de la tête, notamment les yeux, il en exagérait la saillie. Cette exagération devint, dans les âges suivants, la caractéristique d'une école de sculpture.

FIG. 5. — Étude de têtes de renne. — Relief très faible (Mas-d'Azil).

Il ne borna pas l'art à la réprésentation des êtres animés; il imagina des ornements dont il ne trouva pas le modèle dans la nature.

FIG. 6. — Volute (Grande grotte d'Arudy).

Telle est la volute dont il sut varier les formes les plus gracieuses, tantôt sculptant ses circonvolutions en relief, tantôt les creusant largement dans le bois de renne (voyez fig. 6). Tels sont aussi le cercle à centre faisant saillie (voyez fig. 7), les torsades qui ressemblent

FIG. 7. — Cercles à relief central (Lourdes; fouilles de M. L. Nelli).

à des colonnes (voyez fig. 8), etc. Ces ornements sont entrés dans le domaine de l'humanité. De la volute sont dérivées les grecques et les arabesques; nos artisans en parent nos tentures, nos rideaux et nos tapisseries, et nos architectes font encore ciseler sur nos monuments les cercles à centre en relief.

A en juger par ce que nous savons, cette première phase de l'époque hippiquienne, malgré l'infériorité de la matière sculptable, fut la plus brillante des temps quaternaires au point de vue de l'art, et s'il ne convient pas d'être plus affirmatif à ce sujet, c'est parce que l'époque éléphantienne nous est imparfaitement connue et nous réserve peut-être des surprises.

Fig. 8. Torsades (Lourdes; fouilles de M. L. Nelli).

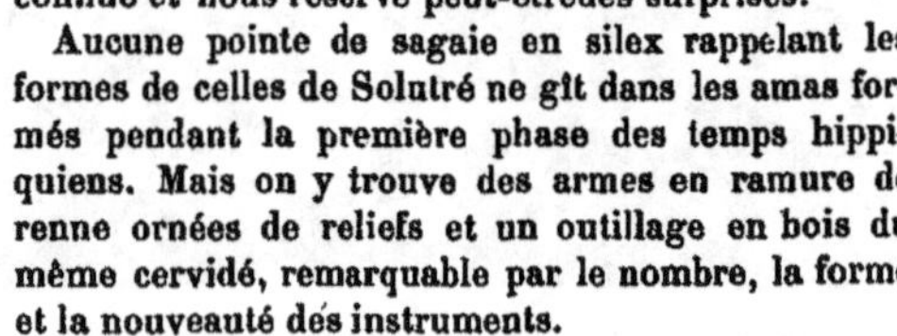

Aucune pointe de sagaie en silex rappelant les formes de celles de Solutré ne gît dans les amas formés pendant la première phase des temps hippiquiens. Mais on y trouve des armes en ramure de renne ornées de reliefs et un outillage en bois du même cervidé, remarquable par le nombre, la forme et la nouveauté des instruments.

La station de la rive droite de l'Arise, dans la grotte du Mas-d'Azil, présente à sa base un amoncellement qui est un excellent type de cette époque. Il repose, par places, sur de petits amas à ossements d'aurochs et de cheval, isolés dans les dépressions du sol, trop peu caractérisés par leur faune et leur industrie pour que l'on puisse leur assigner une date précise. Ils paraissent cependant se relier étroitement à l'assise hippiquienne. Celle-ci contenait, à sa partie inférieure, quelques sculptures en ronde bosse taillées dans le bois du renne, mêlées à des sculptures en bas-relief. Les couches suivantes ne contenaient que des figurations d'animaux en saillie. Toutes étaient en ramures de renne, à l'exception d'une qui était en ivoire et réprésentait des bouquetins (1). A la partie supérieure de l'amoncellement, la gravure commençait à se mêler à la sculpture sur un même bois de renne. Et comme aucun progrès ne s'est perdu pendant la période glyptique, l'art du relief va passer dans les âges suivants; mais il sera encore moins usité que la sculpture en ronde bosse.

Cette assise, bien développée au Mas-d'Azil, était très mince à Brassempouy, à peine indiquée à Gourdan, nulle à Lortet, bien représentée dans les deux grottes d'Arudy et dans celle de Lourdes, riche à la Madeleine, à en juger par les planches des *Reliquiæ*. Les publications de MM. Lartet et Christy, Girod et Massénat prouvent que les sculptures sont très nombreuses sous les vastes abris de Laugerie-Basse.

(1) On doit s'attendre à trouver des objets en ivoire dans les pays de collines et de plaines que dans les régions montagneuses. L'habitat de l'éléphant est dans les vallées. Il ne peut gravir les pentes abruptes.

Sur les amoncellements à sculptures en reliefs affleurent ceux qui renferment des gravures à contours découpés. L'artiste exécutait une gravure sur un fragment d'omoplate ou tout autre os mince,

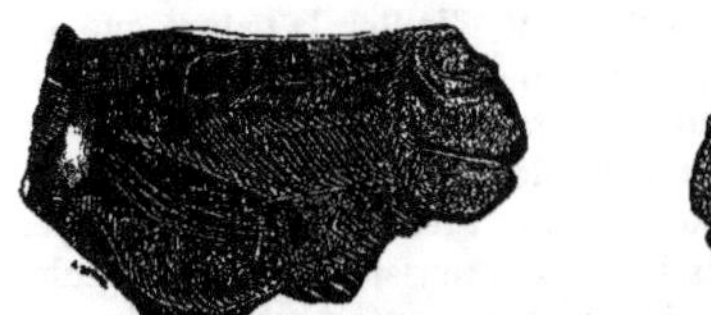

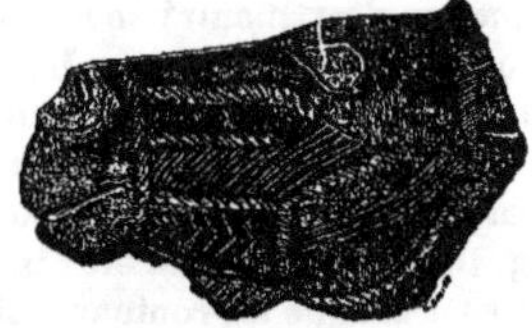

FIG. 9 et 9 *a*. — Tête de cheval enchevêtrée, recueillie par M. Mascaraux à Saint-Michel d'Arudy.

puis il retranchait toutes les parties de l'os qui dépassaient les contours de l'animal gravé. Les objets qu'il dessinait ainsi étaient ordinairement des têtes de cheval avec la chevêtre, des têtes de bouquetin, de chèvre, etc. (voyez fig. 9 et 9 *a*). Parfois, lorsque l'os avait une épaisseur sufisante, il le creusait en certains endroits pour donner un peu de relief aux parties voisines qui devaient être en saillie, et son œuvre alors tenait à la fois de la sculpture et de la gravure. D'autrefois, après avoir gravé une tête sur une surface plate, il raclait l'os tout autour, au lieu de l'enlever complètement, et faisait ainsi une gravure au champlevé. Il découpait aussi des rondelles d'os pour y figurer divers sujets. Toutes sont percées au centre où se trouvaient sans doute leurs points d'attache. Les plus communes étaient celles où étaient dessinés un cercle et ses rayons. Avec ces

FIG. 10. — Statuette de cygne à trois têtes (Mas-d'Azil).

gravures sur os d'une forme très caractéristique, il y en avait d'autres plus rares sur bois de renne; on voyait aussi quelques outils en ramure, nouvellement inventés. et un ensemble intéressant de petits silex bien travaillés, étrangers aux assises inférieures.

C'est à la partie supérieure des amas à gravures aux contours découpés qu'a été rencontrée une singulière statuette de cygne dont l'auteur s'est montré moins préoccupé d'imiter la nature que de prouver son ingéniosité. Le cygne a trois têtes pour un corps unique; mais selon que l'on tient la statuette d'une façon ou d'une autre, le ventre devient dos ou le dos devient ventre, et tantôt l'animal paraît avoir les ailes déployées, tantôt les avoir au repos (voyez fig. 10 et 10 *a*). La première condition pour réussir ces sortes de sculptures, c'est que les contours soient assez peu précis pour représenter des choses différentes. Ce n'est donc pas une œuvre d'art véritable, mais le produit d'un jeu de l'esprit qui n'a certainement rien de naïf, ni de bien relevé.

FIG. 10 *a*. — Statuette de cygne à trois têtes.

Par les œuvres d'art et l'outillage, cette assise a plus de rapports avec les amas des temps cervidiens qu'avec ceux des temps hippiquiens; mais sa faune et surtout l'abondance des os de chevaux la rattachent à la période équidienne.

Elle est bien développée sur la rive droite de l'Arise, dans la grotte du Mas-d'Azil; j'en ai constaté la présence dans les stations de Gourdan, de Lortet, et dans la grande caverne d'Arudy où elle est très riche. Elle a fourni à M. Mascaraux une très belle tête de cheval enchevêtrée, dans la grotte de Saint-Michel d'Arudy (voyez fig. 9 et 9 *a*). Enfin elle était très mince à Brassempouy. On n'a pas constaté la présence de ces sortes de gravures dans les gisements placés près des affluents de la rive droite de la Garonne, mais on y a trouvé des instruments qui leur sont associés au Mas-d'Azil et des rondelles gravées.

Époque rangiférienne.

Sur les amas équidiens s'étendent, en stratification ordinairement transgressive, les amas cervidiens. A la base de l'assise rangiférienne, on trouve encore des gravures à contours découpés, mais cette forme de l'art disparaît avant le milieu de cette assise pour ne plus reparaître ensuite. Les rondelles, au contraire, sont assez nom-

Fig. 11. — Têtes de chevaux avec la chevêtre (Mas-d'Azil, rive droite).

breuses dans toutes les couches, jusqu'à la fin de la période glyptique. Les artistes y gravaient alors presque toujours des animaux au lieu d'y buriner des rayons. L'époque rangiférienne fut par excellence

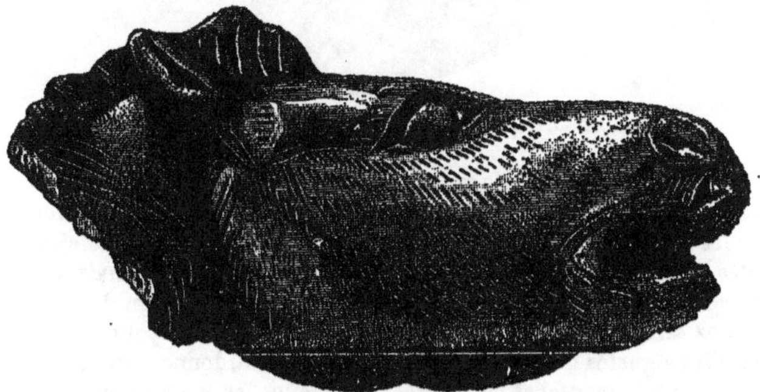

Fig. 12. — Tête d'équidé (Mas-d'Azil).

celle de la gravure. L'homme en couvrit les os et les ramures du renne (voyez fig. 11). La sculpture fut délaissée. Elle eut cependant encore quelques fervents et produisit des œuvres qui ne sont pas sans valeur, notamment une tête d'équidé en ronde bosse, très remarquable (voyez fig. 12), trouvée au Mas-d'Azil, à la partie supérieure de l'assise, presque à la limite inférieure des amas élaphiens. L'œil est placé sur une saillie pour le rendre plus apparent: les naseaux et la joue ont un relief très exagéré à dessein. Ces artifices employés pour frapper les regards démontrent combien les artistes avaient réfléchi à leur art, avaient travaillé et combiné les effets; et l'on ne peut se refuser à y voir des procédés d'école.

C'est de la même assise ou de l'assise élaphienne que provient une autre sculpture due à la même manière, représentant une tête de *Cervus elaphus* (voyez fig. 13), recueillie par M. Nelli dans la grotte des Espélugues à Lourdes. L'œil est placé aussi sur une saillie; le mufle forme un relief considérable, très exagéré, et sur ce relief, les naseaux et les lèvres ressortent encore. C'est du convenu; ce n'est pas l'imitation exacte de la nature; mais de loin, cela fait grand effet. Assurément cette œuvre est le produit d'un art un peu factice, moins pur que celui de la première moitié de la période glyptique. Il a quelque chose de cherché et déjà presque de vieux.

FIG. 13. — Tête de cerf (Lourdes, grotte des Espélugues).

L'existence d'une école propageant ses procédés et les transmettant de génération en génération prouve que les belles gravures et les belles sculptures des temps quaternaires ne sont pas de simples manifestations d'activités individuelles et isolées, mais les productions d'un art véritable, reposant sur des données apprises.

Des armes et des instruments nouveaux, mêlés aux petits outils en silex signalés dans l'amoncellement précédent, donnent aux amas rangifériens un cachet particulier. Leur faune se rapproche beaucoup de celle des temps actuels. Le renne prospérait; de rares bandes de mammouths parcouraient encore la campagne; les troupeaux d'aurochs couvraient parfois les plaines. Mais rien ne prouve jusqu'à présent que les espèces de grands carnassiers qui vivaient au commencement de la période glyptique subsistassent encore. Ce fut pendant l'époque rangiférienne que fut inventée l'aiguille; on en a trouvé quelques-unes dans l'assise précédente, mais elles paraissent y avoir été introduites par des remaniements. Le harpon a été connu dès les temps rangifériens; l'usage ne s'en généralisa pas immédiatement.

Les amas de cette époque, très développés à Gourdan et au Mas-d'Azil, n'étaient pas sans importance dans les cavernes de Lortet, de Lourdes, d'Arudy, de Saint-Michel d'Arudy. On croit en avoir trouvé des traces à Brassempouy. L'abri de Plantade, à Bruniquel, les cavernes de la Madeleine et des Eyzies, l'abri de Laugerie-Basse renfermaient en grande quantité des gravures et des outils semblable à ceux qui caractérisent les amoncellements rangifériens.

Époque élaphienne.

Avec l'époque élaphienne commença la dégénérescence du renne,

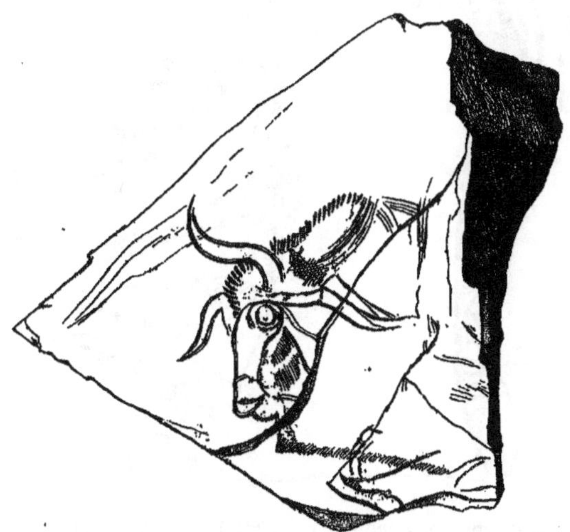

FIG. 14. — Gravure sur pierre. — Aurochs (Mas-d'Azil, rive droite).

sous l'influence d'un climat pluvieux, mais non la décadence de l'art. La ramure de cet animal devint rare. On la recueillit précieusement; les artistes, quand elle leur manqua, gravèrent sur la ramure du cerf élaphe, sur l'os et même sur la pierre (voyez

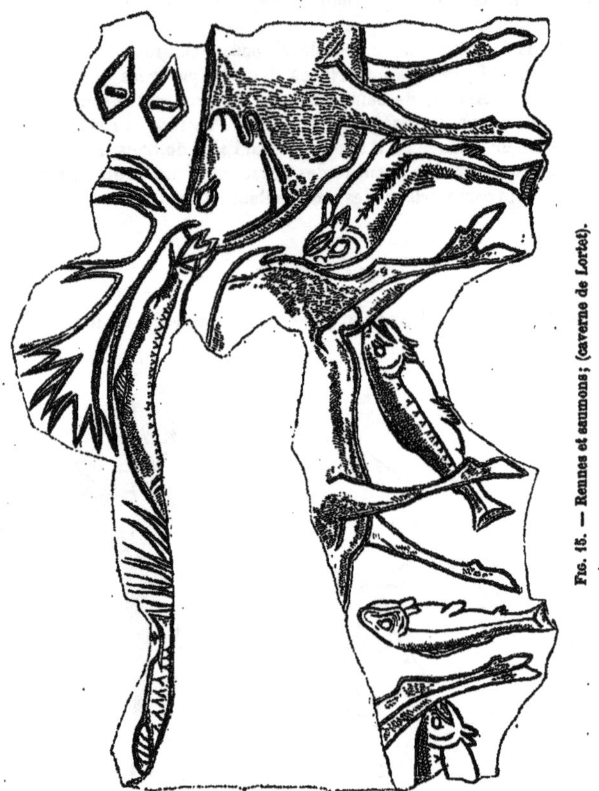

Fig. 15. — Rennes et saumons; (caverne de Lortet).

fig. 14). Leurs œuvres dénotent un véritable talent. Ils figurèrent des groupes, et donnèrent parfois à leur travail un fini remarquable. Leur souci du détail allait jusqu'à leur faire dessiner avec patience les écailles d'un poisson ou les poils sur tout le corps d'un animal. Quand ils étaient fiers de leur œuvre, ils la signaient ou y gravaient leur marque de propriété (voyez fig. 15). Les losanges, dans cette figure, tiennent lieu de signature.

Ces gravures ont été faites par des hommes de talent, peut-être un peu trop minutieux. Il y en a d'autres très négligées qui révèlent chez leurs auteurs la préoccupation de se montrer ingénieux plutôt que véritables artistes. Telle est la côte où sont gravées deux têtes de renne en sens inverse, rapprochées l'une de l'autre par une combinaison de lignes très simple. Que l'on tienne la côte par en haut ou par en bas, on voit toujours une tête dans sa position naturelle (voyez fig. 16). Ces effets cherchés n'ont rien d'artistique et sont d'ordre inférieur.

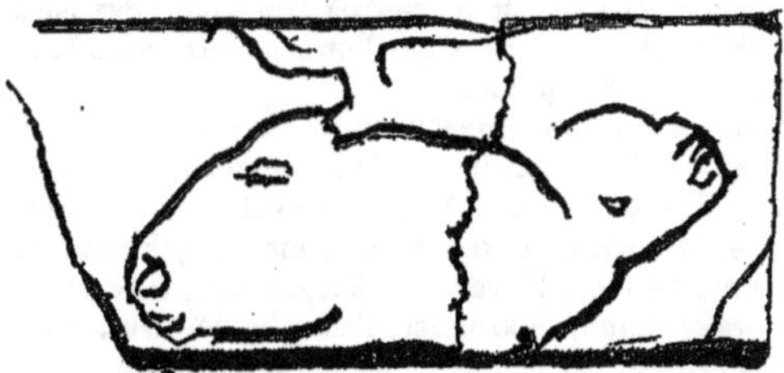

Fig. 16. — Têtes de renne en sens inverse (caverne de Gourdan).

A côté des œuvres d'art véritable, on trouve les essais faits par les enfants et les inhabiles. Communs à l'époque de la gravure, ils étaient beaucoup plus rares à l'époque de la sculpture.

Quoique les hommes des temps élaphiens aient sculpté rarement, ils n'avaient pas perdu les traditions des siècles passés. Ils recherchèrent l'ivoire fossile pour le travailler. De là une sorte de retour vers le passé, non pour l'art qui a trop vieilli pour revenir aux formes éburnéennes, mais pour la matière taillable. Les œuvres ne furent pas toutes remarquables. J'en ai recueilli de bien insignifiantes. J'ai cependant trouvé au Mas-d'Azil un objet en ivoire assez intéressant. Il a la forme d'une colonnette couverte d'ornements pointillés, dus à l'imagination. Peut-être est-ce à cette époque qu'il faut reporter les statuettes d'ivoire de Bruniquel représentant des rennes et celle de Lourdes représentant un équidé. Il est au moins certain qu'elles n'appartiennent pas à l'époque éburnéenne.

L'outillage de l'assise élaphienne est en grande partie le legs des âges précédents. Les harpons en bois de renne, les aiguilles et les flèches à base en biseau y abondent. Les silex de l'époque rangiférienne y sont tous; mais à ces types déjà anciens s'en joignent de nouveaux. Tels sont de petits grattoirs arrondis que l'on fabriquera encore au début de l'époque néolithique. Un des instruments nouveaux les plus caractéristiques est un gros lissoir en bois de cerf élaphe ou de renne. Il y a aussi dans la partie supérieure de l'amas, presque à la limite de cet amas et de la couche à galets coloriés, quelques harpons en ramure de cerf, précurseurs des temps néolithiques.

L'assise élaphienne était bien développée dans les grottes de Gourdan, de Lortet, du Mas-d'Azil (rive gauche) et de Lourdes. Elle était représentée dans la grande grotte d'Arudy. J'ignore si elle affleurait dans les cavernes situées au nord de la Garonne. Les pierres gravées que M. de Vibraye a recueillies à Laugerie me donnent à penser qu'elle couronnait une petite partie des amas à Laugerie. M. Franchet m'a indiqué dans cette station, au-dessus des assises magdaléniennes, le niveau où l'on trouve des harpons en bois de cerf semblables à ceux que l'on rencontre dans la couche à galets coloriés du Mas-d'Azil.

Les gravures qui représentent l'homme chassant l'aurochs et la loutre chassant le poisson doivent aussi provenir de l'assise élaphienne.

La faune de cette époque fut à peu près celle de l'époque actuelle. Le renne était en voie d'extinction, le mammouth avait peut-être déjà disparu. Le loup, le lynx, le chat sauvage, le renard, le blaireau, l'ours commun, le sanglier, l'aurochs, le bœuf, le cerf commun, le chevreuil, le chamois, le bouquetin, les équidés, le lièvre, le rat d'eau, le saumon, le brochet, de nombreux oiseaux prospéraient alors dans la région pyrénéenne.

Avec l'époque élaphienne disparurent le renne et aussi les arts qui employaient son bois comme matière brute. De nouvelles races humaines envahirent la terre de Gaule, races grossières et utilitaires, qui n'empruntèrent à la civilisation glyptique que les outils et les instruments qui pouvaient leur servir. Les familles d'artistes qui vivaient sous l'abri des grottes furent noyées dans le flot des envahisseurs au moment où elles étaient dévoyées par la perte de la matière première de leurs instruments. Peut-être même les hommes furent-ils massacrés; la sculpture et la gravure tombèrent avec eux dans la tourmente.

Mais ce fut un remarquable spectacle que celui de la naissance des beaux-arts pendant l'ère quaternaire, leurs transformations sous l'empire de la nécessité, les efforts de l'homme pour s'y perfectionner et leur extinction quand le bois de renne et l'ivoire manquèrent à la fois.

ANGERS, IMP. A. BURDIN ET Cie, RUE GARNIER

www.ingramcontent.com/pod-product-compliance
Lightning Source LLC
LaVergne TN
LVHW020457230826
846091LV00008BA/3246